NINON ET NINETTE

VAUDEVILLE EN UN ACTE

PAR

MM. LÉON BEAUVALLET, DE JALLAIS ET NOUVIÈRE

Représenté pour la première fois, à Paris,
sur le théâtre des Folies-Dramatiques, le 5 Octobre 1858.

PRIX : 60 CENTIMES

PARIS
A LA LIBRAIRIE THÉATRALE
14, RUE GRAMMONT

—

1858

NINON ET NINETTE

VAUDEVILLE EN UN ACTE

PAR

MM. LÉON BEAUVALLET, DE JALLAIS ET NOUVIÈRE

Représenté pour la première fois, à Paris,
sur le théâtre des Folies-Dramatiques, le 5 octobre 1858.

PARIS

A LA LIBRAIRIE THÉATRALE

14, RUE GRAMMONT

1858

PERSONNAGES

TIBULLE, coiffeur	MM. MARQUAIS.
SERPOLET, son garçon	E. VAVASSEUR.
NINON... / NINETTE.. / SAMUEL.. / COLIGNY.. / UN JUGE.. } (Déjazet)	Mlle EUDOXIE LAURENT.

La pièce se passe sous la fin du règne de Louis XIII, à Paris.

Paris. — Typ. Morris et Ce, rue Amelot, 64.

NINON ET NINETTE

Le théâtre représente l'arrière-boutique de Tibulle, ornée de tous les accessoires nécessaires à un barbier.—Au fond, porte d'entrée laissant voir la rue. — De tous côtés des têtes à perruques. — A gauche au premier plan une toilette.—Une porte au second plan de gauche; une porte au second plan de droite. — Une armoire au premier plan.

SCÈNE PREMIÈRE

TIBULLE, SERPOLET. (Au lever du rideau, Tibulle est appuyé contre la porte du fond. Il a les yeux fixés au dehors. Serpolet, à droite, arrange une perruque.)

SERPOLET, assis.

Voilà quarante-quatre minutes et demie bien comptées que le patron n'a pas détourné son rayon visuel du marteau de la porte cochère d'en face... C'est pas possible, ses yeux sont de l'aimant... et comme le marteau est en fer, ils vont y rester cloués! (Il travaille à la tête à perruque.)

TIBULLE, soupirant très-fort.

Ah!... ah!...

SERPOLET.

Tiens, il fait du vent ici.

TIBULLE.

Oh! que je l'aime... oh! que je l'aime donc!

SERPOLET, se levant.

Quoique vous aimez, patron?... Le marteau de la porte cochère?

TIBULLE.

L'amour d'Héloïse pour Abeilard n'était que de la Saint-Jean auprès de la mienne... d'amour! (Ils descendent.)

SERPOLET, effrayé.

Où avez-vous attrapé ça, patron?

TIBULLE.

Eh quoi! ne connais-tu pas celle qui me réduit à l'état de bûche enflammée?

SERPOLET.

Ah! si je la connais!... c'est mademoiselle Ninette, la femme de chambre et la filleule de la fameuse Ninon de Lenclos, dont l'hôtel fait face à votre boutique.

TIBULLE, avec dédain.

Ninette... j'en fus épris, c'est vrai...

SERPOLET.

Je crois bien... Depuis un an que vous êtes chargé de la coiffure de la belle Ninon, vous n'avez pas manqué un seul jour de faire la cour à sa gentille camériste.

TIBULLE.

C'est encore vrai... mais...

SERPOLET.

Du reste, patron, c'est un joli parti que mademoiselle Ninette, car elle a un patrimoine assez coquet, quoique orpheline.

TIBULLE.

Orpheline!... eh bien, Serpolet, voilà justement ce qui me déplaît en elle... Ça me serait égal si, étant orpheline, elle avait son père et sa mère; mais non, elle ne possède pas la moindre famille.

SERPOLET.

Il paraîtrait cependant que mademoiselle de Lenclos ne serait pas seulement la marraine de Ninette, mais bien...

TIBULLE.

Son cousin peut-être?

SERPOLET, *mystérieusement.*

Sa sœur!

TIBULLE.

Sa sœur!... allons donc!

SERPOLET.

N'avez-vous pas remarqué entre elles deux une ressemblance frappante?

AIR *de Lauzun.*

En comparant le visage mignon
De la Ninon à celui de Ninette,
Je trouve aisément que Ninon
Ainsi que la Ninette est faite,
Tout est pareil, le nez et le menton.
Aussi, chacun tout haut, répète:
Est-ce Ninette qu'est Ninon?
Est-ce la Ninon qu'est Ninette?

TIBULLE, *riant.*

Une ressemblance entre une soubrette et une femme de qualité!...

SERPOLET.

C'est une robe de soie et un pot de fard qui font la différence!

TIBULLE.

C'est comme si tu me disais que le diamant poli ressemble au diamant brut... Allons, ne me parle plus de cette vilaine.

SERPOLET.

Une vilaine!... merci, avec un physique comme le sien

TIBULLE.

Assez!... Comment, vil garçon perruquier, tu te figures que Ninette peut être mon faible, à moi, Athanase-Hilarion-Tibulle Chamarante, l'élégant coiffeur du quartier du Marais, la gloire de la rue des Tournelles?... Allons donc!... mais ce sont des marquises, des duchesses qu'il me faut! *

AIR :

Oh! duchesses
Ou princesses,
Pour vous seules mon cœur
Bat tout rempli d'ardeur.
Moi Tibulle, l'adroit coiffeur,
Près de vous comm' parfumeur
J'dois être en bonne odeur!

A Serpolet, d'un air satisfait.) C'est un mot ceci.

(*Continuant l'air.*)

J'ai de la poudre, et puis sans cesse
Vous en jeter aux yeux, je croi,
Puis en vous coiffant, plein d'adresse,
Oui, je veux vous coiffer de moi.

(Parlé.) Encore un mot...

SERPOLET.

Fort plaisant et fort neuf... (A part.) Quel idiot que le patron!

ENSEMBLE.

Oh! duchesses
Ou princesses,
Pour vous seules mon cœur
Bat d'une tendre ardeur.
Lui Tibulle, l'adroit coiffeur,
Près de vous comme parfumeur,
Doit être en bonne odeur.

SERPOLET.

Mais, enfin, patron, qui donc vous fait palpiter à cette heure?... qui donc vous gonfle de soupirs?

TIBULLE.

Qui?... tu me demandes qui?... Sommes-nous seuls?...

SERPOLET.

Comme Robinson dans son île, avant la découverte de Vendredi.

TIBULLE.

Eh bien, Serpolet, c'est l'incomparable Ninon... ma cliente!

SERPOLET.

Ninon de Len...

TIBULLE, très-bas.

Clos... ton bec, mon ami, clos-le.

* Serpolet, Tibulle.

SERPOLET, haussant les épaules.

Est-ce que mademoiselle Ninon descendra jusqu'à vous?

TIBULLE.

Elle demeure si peu haut... quinze marches à descendre, pas davantage !

SERPOLET.

Songez donc que vous n'êtes qu'un coiffeur!

TIBULLE.

Je puis aspirer à devenir son favori !... Du coiffeur au favori, il n'y a que la main.

SERPOLET.

Mais elle a des amoureux à remuer à la pelle; et l'on dit même qu'elle est vigoureusement éprise du jeune comte de Coligny.

TIBULLE.

C'est un enfant; je le jouerai sous jambe... Et, d'ailleurs, en ce moment, il est à Saint-Germain, près de Sa Majesté Louis Treize; je veux en profiter pour me lancer...

SERPOLET.

Du haut de la tour Saint-Jacques?

TIBULLE.

Laisse-moi donc finir!... (Il reprend.) Pour me lancer et me déclarer à la superbe Ninon.

SERPOLET.

Vous aurez cet aplomb-là?

TIBULLE, mystérieusement.

Non, je me gênerai!... Pas plus tard qu'hier, en lui mettant des papillotes, je lui ai glissé dans la main un poulet de la mienne... de main...

SERPOLET, stupéfait.

Un poulet... j'en ai la chair de... coq... Et qu'a-t-elle dit?

TIBULLE.

Elle m'a regardé comme ça, tiens. . (Il regarde comiquement.) Et elle m'a roucoulé de sa voix qu'on dirait un clavecin qui vous parle :... (Petite voix.) « Au revoir, Tibulle, au revoir ! »

SERPOLET.

Elle aura cru que vous lui remettiez votre facture.

TIBULLE.

Assez, esclave !...* Je vais endosser mes plus riches habits. Toi, prépare tout ce qu'il faut pour ajouter à mon physique les quelques charmes qui pourraient lui manquer !...

SERPOLET.

Ah! patron ! si Ninette venait vous demander?

* Tibulle, Serpolet.

TIBULLE.

Dis que Son Éminence le cardinal de Richelieu m'a fait quérir pour friser sa moustache.

AIR : *Il faut lorsqu'on est puissant.*

Oui, de conquêtes nouvelles
Je veux émailler mes jours.
Amour prête-moi tes ailes
Pour voler vers mes amours!

SERPOLET.

Vous entreprenez une tâche
Qui des duels ouvre le chemin.

TIBULLE.

Je suis coiffeur, et sans relâche
Je dois avoir le fer en main.
(*Il lui donne une bourrade.*)

Encore un mot!

SERPOLET, manquant de tomber.

Trop de mots, patron!

REPRISE.

SERPOLET.

Oui, de conquêtes nouvelles
Il veut émailler ses jours.
Amour, il te prend tes ailes
Pour voler vers ses amours.
(*Tibulle sort à gauche.*)

SCÈNE II

SERPOLET, seul.

A-t-on jamais vu!...aimer Ninon de Lenclos, lui, un coiffeur! Ah! si c'était moi... J'aimerais mieux la petite Ninette; elle est blanchette, câlinette et grassouillette... tandis que mademoiselle Ninon... elle est grassouillette aussi, mais elle se met du rouge, que je rougirais de me mettre du rouge comme ça... Oh! Ninette, Ninette... si l'amour d'un premier garçon coiffeur, vu qu'il est tout seul, peut faire fondre la glace de votre cœur... regardez-moi, et le dégel va s'opérer! (Montrant une tête à perruque.) Et dire que pour me donner de la poésie dans les idées, voilà ce qu'il me reste!... une tête de bois, que j'émaille de crins ravis à la queue d'inoffensifs animaux... (On frappe.) Encore une pratique... (Il apprête une chaise.) Entrez! manant! (Ninette paraît au fond, entre et s'assied) et approchez votre menton, que je l'épile. (Il prend un plat à barbe.)

NINETTE *.

Rasez-moi, et très-près... (Serpolet se retourne, place le plat sous le menton de Ninette.)

* Serpollet, Ninette.

SCÈNE III

SERPOLET, NINETTE.

SERPOLET, surpris.

Ninette ici!

NINETTE, riant en se levant.

Est-ce que c'est défendu?

SERPOLET.

Non, c'est que le patron...

NINETTE, appuyant sur les mots.

Eh bien! quoi? le patron?... Allez lui dire que mademoiselle Ninette, sa fiancée, désire avoir avec lui quelques secondes d'entretien.

SERPOLET.

C'est que monsieur Tibulle... (A part.) Que lui dire?... Ah! (Haut.) C'est que monsieur Tibulle est sorti. (A part.) Voilà un prétexte ingénieux!

NINETTE, railleuse.

Sorti! Ah! il est sorti... et savez-vous s'il est allé chercher la réponse à la lettre qu'il a écrite à mademoiselle Ninon de Lenclos, ma marraine?

SERPOLET.

Quoi! vous savez...

NINETTE, lui montrant la lettre.

Est-ce que vous croyez que je suis soubrette pour rien?... Oh! je n'ai pas eu grand'peine, allez, à m'emparer de cette lettre, et je viens tout simplement ici, causer amicalement avec votre patron.

SERPOLET.

Je vous jure sur cette tête à perruque qu'il est...

NINETTE.

Dans cette chambre, je le sais bien. (Elle va pour ouvrir la porte, et s'arrête.*)

SERPOLET.

Elle va lui arracher les yeux!

NINETTE, s'arrêtant court.

Eh bien! non... j'ai réfléchi.

SERPOLET.

Désireriez-vous vous venger?... parlez, je suis là...

NINETTE, regardant Serpolet.

La vengeance serait trop cruelle pour moi... Je veux lui servir un plat de ma façon!

* Ninette, Serpolet.

SERPOLET.

Êtes-vous heureuse de savoir faire cette cuisine-là!

NINETTE, montrant la chambre où est Tibulle.

Ah! triple traître! vous aimez Ninon de Lenclos, et vous le lui écrivez sur du papier jaune... serin!... Eh bien! mais pourquoi ne lui diriez-vous pas à elle-même?... Je suis bonne fille, moi, et je veux vous fournir les moyens de lui avouer votre flamme, gros tison!

SERPOLET.

Qu'est-ce qu'elle dit? qu'est-ce qu'elle dit?... Est-ce qu'elle aurait aussi son petit grain?...

NINETTE.

A nous deux, maître Tibulle!

AIR : *Valse de Launer*. (Hussards.)

Qu'il prenne garde à lui,
Car je prépare ici
Une vengeance qui
Ne sera pas mince!
Il veut agir en prince;
Moi, je veux aujourd'hui,
Prenant un grand parti,
Le mettre à ma merci!...
Puis du soir au matin,
Lui barrant le chemin,
Je veux d'écueils sans fin,
Je veux coûte que coûte,
En encombrant sa route
D'ennuis,
De soucis,
Dès demain
Arrêtant son dessein,
Il saura (*bis*.)
Que la femme a de ça!

(*Elle désigne son cœur.*)

SERPOLET.

Qu'allez-vous faire, grand ciel! grand ciel! qu'allez-vous faire?

NINETTE.

Ce que je vais faire, écoute... tu es discret?

SERPOLET.

Comme mes rasoirs... qui n'avoueront jamais les entailles qu'ils ont faites.

NINETTE.

Apprends donc... ou plutôt non, n'apprens rien, tu es assez instruit comme cela. (Elle va vers le fond.)

SERPOLET.

Mais ma discrétion alors, que faut-il que j'en fasse?...

NINETTE.

Resserre-la, elle te servira un autre jour... Surtout, pas un mot à ton maître sur ma visite! (Elle sort vivement.)

SCÈNE IV

SERPOLET, seul, puis TIBULLE.

Sois discret... et je ne sais rien... pas un mot à ton maître... et elle était venue pour lui parler... je n'y comprends plus rien du tout! Est-ce que c'est moi qui aurais le grain!...

TIBULLE, entre. Il est magnifiquement habillé.*

Eh bien! Serpolet, êtes-vous prêt à me bichonner?

SERPOLET.

Oui, patron, le bichonnage est dans mes moyens.....

TIBULLE, s'asseyant à droite.

Qu'avez-vous? Vous semblez ému, agité!

SERPOLET.

Moi, je n'ai rien... c'est une pratique à qui j'ai enlevé un morceau du nez... mais comme il l'avait très-long, ça lui a rendu service.

TIBULLE.

Coiffe-moi...

SERPOLET, lui pressant ses papillotes.**

De quels dessins illustrerai-je votre occiput?

TIBULLE.

Coiffe-moi à la Ninon.

SERPOLET.

Vous vous déguisez?

TIBULLE.

Non, je m'égare... cet ange blond cendré me fera perdre la tête.

SERPOLET, à part.***

Tant mieux; une fois sans tête il sera plus facile à coiffer.

TIBULLE.

Aïe!... butor, tu me brûles!...

SERPOLET.

C'est étonnant, je ne l'ai pas senti! Ah! si, tiens, je le sens à présent!... Oui, ça a une odeur de lard grillé... voilà qui est fini! vous êtes crêpé. Mirez-vous et admirez-vous.**** (Tibulle se lève et va se regarder à la glace de la toilette.)

* Serpolet, Tibulle.
** Tibulle, Serpolet.
*** Serpolet, Tibulle.
**** Tibulle, Serpolet.

TIBULLE.

Pas mal du tout !... Ah! vertu-choux! et ma barbe que tu as oublié de me faire!

SERPOLET, plaçant une chaise à gauche.*

C'est vrai... si vous voulez vous *rasoir* je prendrai le *rasseoir*!... Non, je veux dire si vous voulez vous rasseoir, je prendrai le rasoir. (Il le barbouille de savon et commence à le raser.)

TIBULLE.

Et fais attention à mon nez... je ne veux pas devenir camard!

SERPOLET, il le rase.

As pas peur!

TIBULLE.

Fais donc attention! Voilà la troisième entaille que tu me fais.

SERPOLET.

Alors, patron, vous n'avez plus rien à craindre!... trois, c'est mon chiffre, passons à l'autre côté.** (Il va de l'autre côté, on entend la voix de Ninon au dehors, il s'arrête en le tenant par le nez.)

NINON, au dehors.

Laquais, attendez-moi près d'ici... et si on veut faire ranger mon carrosse, dites que c'est celui de Ninon de Lenclos.

TIBULLE, se levant vivement avec la serviette au cou et à moitié rasé.

Ninon... c'est elle! vite, Serpolet, cache les perruques, qu'elle ne se doute pas qu'elle vient chez un coiffeur.

SERPOLET, rangeant vivement les perruques.

Le grain y est... il y est en plein, le grain!...

SCÈNE V

LES MÊMES, NINETTE, sous les traits et le costume de Ninon.

NINON, parlant au fond, d'une façon prétentieuse.

Allez, allez, marauds, et ne vous grisez pas, ou je vous chasse...

TIBULLE, apercevant qu'il a la serviette au cou, et qu'il n'est pas rasé.

Et je suis à moitié rasé..... oh! je suis déshonoré!

NINON, entrant et affectant de grands airs.***

Eh! c'est ce cher monsieur Tibulle, mon adroit coiffeur, dont toutes les dames de la cour raffolent! Bonjour, ami, bonjour.

TIBULLE, qui a ôté sa serviette.

Mademoiselle Ninon de Lenclos, chez moi... dans ma boutique!

* Serpolet, Tibulle.
** Tibulle, Serpolet.
*** Tibulle, Ninette, Serpolet.

NINON.

Le fait est que ne m'a pas qui veut!...

AIR NOUVEAU de *Mangeant.*

Près du nom de Ninon
S'éclipse chaque nom,
Le nom de Marion,
Comme tout nom d'une grande maison.
De ce Paris c'est moi qui suis la reine,
Et mes sujets sont fiers de m'obéir.
Chacun accourt à ma voix souveraine,
Car j'ai choisi pour sceptre le plaisir!
A moi folles amours,
Douces nuits et beaux jours,
Chants joyeux, gais discours
Dont un baiser seul peut rompre le cours.
Mon Louvre à moi n'a pas de lourdes chaînes,
De vieux guerriers toujours prêts à lutter;
J'ai pour soldats de charmantes sirènes.
Dont le mot d'ordre est : aimer et chanter.
Aimables damoiseaux,
Vieux fermiers généraux,
Sans trêve, ni repos,
Viennent semer sous mes pas leurs joyaux;
Marquis fringant, élégant mousquetaire,
Courent le soir à ma gente maison,
Pour applaudir certain monsieur... Molière,
Qui nous lit là, des vers de sa façon.
Jusqu'au vieux cardinal,
Jusqu'au prince royal,
Qui, d'un accord égal,
Sont accourus à mon joyeux signal.
Enfin de moi chacun est idolâtre...
J'eus à mes pieds de Fiesque et Desmaret,
Puis Bois-Robert, d'Effiat et Lachâtre,
Qui dit, quand même, en baisant mon billet :
Le nom de Marion,
Ou tout autre grand nom
D'une illustre maison,
Sont éclipsés, par le nom de Ninon!...

SERPOLET.

Cristi de cristi! on peut dire qu'elle est instruite, car elle a des fières connaissances.

NINON, regardant Serpolet.

Que fait là cet oison planté sur une patte?...

SERPOLET, cherchant à qui elle s'adresse.

Oison... patte... Ah! c'est le patron!...

TIBULLE, à Serpolet, bas. *

Va voir à la place Royale si j'y suis.

* Ninette, Tibulle, Serpolet.

SERPOLET, bas.

Compris! (A part.) Quel gueux que le patron! je vas tâcher d'avertir Ninette. (Il sort par le fond.)

SCÈNE VI

NINON, TIBULLE.

NINON, à part, et s'asseyant à gauche.

Et maintenant à nous deux, maître Tibulle.

TIBULLE.

Et cet imbécile qui a emporté la serviette... impossible de m'essuyer la figure, j'ai oublié mon mouchoir!... (Il se tient de profil.)

NINON.

Ah ça, mais, qu'est-ce qui vous prend donc, mon cher Tibulle? auriez-vous un torticolis?

TIBULLE.

Moi... du tout... au contraire, ça ne va pas trop mal, et vous?

NINON, riant.

Ah! ah! ah! ah! décidément vous avez quelque chose dans le cou...

TIBULLE, à part.

Mon côté *inrasé* me rend stupide...

NINON, s'éventant, à part.

Imitons les façons de ma marraine.

TIBULLE.

C'est le moment de se montrer gentilhomme... (Il tourne sur ses talons.) Cristi!... j'oubliais ma joue...

NINON.

Eh bien!... Tibulle, vous restez là sans me rien dire?...

TIBULLE.

Que vous êtes bonne et que vous êtes belle!... que vous êtes belle et que vous êtes bonne!... (A part.) Voilà ma facilité d'élocution qui me revient... continuons à être gentilhomme... (Haut.) Oui, vous êtes belle, et... j'ai déjà dit cela... et c'est à vos pieds que je veux passer les nombreuses années qu'il me reste à égrainer... (Il tombe à genoux.)

NINON, riant.

Ah! ah! ah! ah!

TIBULLE, riant.

Ah! ah! ah! ah! (s'arrêtant court.) Pourquoi rions-nous, hein?

NINON, riant et se levant.

Ah! ah! ah! ah! c'est donc pour cela?... * Ah! la drôle de tête!

TIBULLE, à part.

Drôle de tête!... fatalité!... je ne pensais pas que j'avais de la mousse. Je suis comme les vieux murs... couvert de mousse... (Haut.) Mais, qu'est-ce qu'une froide mousse auprès de mon amour?

NINON, minaudant.

Votre amour, menteur, ne sais-je pas que vous en courtisez une autre... Ninette?

TIBULLE.

Ninette!... qu'est-ce que c'est que ça, Ninette?

NINON, à part.

Le monstre! (Haut.) Ma filleule, que vous avez promis d'épouser, et que vous aimez encore, j'en suis sûre.

TIBULLE.

Moi, l'aimer! une camériste!

NINON, à part.

Scélérat, va! (Haut.) Ah! si vous me trompiez, Tibulle...

TIBULLE.

Vous tromper!... et pour qui?

NINON.

Pour celle qui vous a donné cette bague qui orne votre index.

TIBULLE.

Vous en êtes jalouse?

NINON.

Oui... Donnez-la-moi, je la veux.

TIBULLE.

Mais c'est impossible!

NINON.

Vous voyez bien que vous me trompez... Vous songez encore à cette Ninette.

AIR :

J'avais raison d'être jalouse
Vous me refusez ce bijou?

TIBULLE.

C'est que... non plutôt
(*à part.*)
Je me blouse
Et son regard m'a rendu fou!
(*à Ninon, haut.*)
C'est un souvenir...

* Tibulle, Ninette.

NINON.

D'une amie ?...
Donnez-la-moi pour un baiser,
Donnez-la-moi, je vous en prie...
(*A part.*)
Dieu ! s'il pouvait me refuser !
J'insiste et cependant je prie
Qu'il ait le cœur de refuser!

NINON.

Eh bien?

TIBULE, ôtant la bague de son doigt.

Bast ! Ninette n'en saura rien ! (Haut.) Tenez, la voilà, cette bague... (Elle la prend.)

NINON, à part.

Le trompeur !... (Elle remonte).

TIBULLE.

Qu'avez-vous ? vous partez ?

NINON.

Oui, mon ami. (A part.) J'ai bien envie de lui arracher les yeux...

TIBULLE.

Et ce baiser promis ?

NINON.

Il est déjà dix heures, et je suis forcée de me rendre au petit lever d'Anne d'Autriche, et de m'excuser auprès de Sa Majesté de ne pouvoir assister à son bal...

TIBULLE.

Et pourquoi, flambeau de ma vie ?

NINON.

Oh ! pour une bagatelle... J'ai annoncé à toutes nos marquises, duchesses et autres, qu'elles me verraient parée de certain collier qu'elles connaissent toutes.

TIBULLE.

Eh bien ?

NINON.

Eh bien ! je suis forcée de manquer à ma parole, car ce vieil arabe de Samuël Van-Beer me refuse la parure, faute de quelques misérables louis que je ne puis lui donner en ce moment...

TIBULLE.

Rassurez-vous, et ne vous excusez pas auprès d'Anne d'Autriche, vous irez à son bal...

NINON.

Que voulez-vous dire ?

TIBULLE.

Que vous aurez ces diamants qui feront le pendant de vos deux yeux !

NINON.

Charmant! charmant! (A part.) Je te tiens donc...

TIBULLE, tendrement.

Vous reverrai-je bientôt?

NINON.

Dans une heure, nous déjeunerons ici, en tête-à-tête...

TIBULLE.

Un tête-à-tête à deux? ah! je suis né coiffé!

NINON, riant.

Vous voulez dire coiffeur!... (Au fond.) Laquais, faites avancer mon carrosse... (A part.) Ah! pendard! tu me le payeras! (Voyant que Tibulle la regarde.) Au revoir, ami!...

ENSEMBLE.

AIR *de walse.*

A bientôt, dans un doux tête-à-tête,
Nous pourrons nous réunir tous deux,
Je suis fier de ma } belle conquête,
Il est fier de sa }
Vrai, je suis } un coiffeur bienheureux.
Il se trouve }

Ninon sort en affectant de grands airs et en lui faisant un geste de menace.)

SCÈNE VII

TIBULLE, puis SERPOLET.

TIBULLE.

Suis-je bien éveillé?... Comment! moi, un coiffeur simple, non, je veux dire un simple coiffeur, je... c'est-à-dire que c'est à ne pas y croire... Je sais bien que c'est assez perruquier ce que je fais là pour Ninette! et je regrette bien d'avoir prêté cette bague, qui me vient d'elle, mais les idées de grandeur débordent de tous les côtés, le verre de ma vanité est trop plein, il ne peut plus rien contenir. J'ai besoin d'épancher mon trop plein dans le verre d'un ami... (appelant) Serpolet... Serpo...

SERPOLET, paraissant au fond.

Voilà, patron! voilà, patron*!

* Tibulle, Serpolet.

TIBULLE.

Tombe à mes genoux, et adore-moi comme une divinité égyptienne.

SERPOLET.

Comment ça s'adore-t-il, une divinité égyptienne? Faut-il me mettre la tête en bas?

TIBULLE.

Tu ne sais pas que Ninon est folle de moi?

SERPOLET.

Bah!

TIBULLE.

Elle me sacrifie le cardinal de Richelieu!

SERPOLET.

Bah!

TIBULLE.

Marion Delorme...

SERPOLET.

Bah!

TIBULLE.

Le roi Louis XIII.

SERPOLET.

Bah!

TIBULLE.

A-t-il l'air d'un âne, avec son bah!...

SERPOLET, à part.

Ce n'est toujours pas pour son physique, car il n'est pas beau, le patron; il est même laid! (Haut.) Mais qu'est-ce que vous lui avez donc fait?

TIBULLE.

Je lui ai promis une parure de diamants.

SERPOLET.

Vrai?

TIBULLE.

Est-ce que je donne des diamants faux...

SERPOLET.

On voit bien que vous êtes coiffeur, vous ne manquez pas de toupet... Et où allez-vous pêcher ça?

TIBULLE.

Tu connais Samuel Van-Beer? le joaillier de la cour?

SERPOLET.

Oh! oui, j'en ai entendu parler.... Un vilain petit vieux, Allemand, avec un vilain petit costume, une vilaine petite voix, une vilaine petite barbe et une vilaine petite réputation.

TIBULLE.

Eh bien! tu vas courir jusqu'à sa demeure, et tu lui diras de venir parler au seigneur Tibulle.

SERPOLET.

Seigneur! vous! (Il se met à rire bruyamment. — Tibulle lui donne un grand coup de pied au derrière. Serpolet s'arrête court.)

TIBULLE.

AIR *de M. Oray.*

Ami, cours, sans perdre haleine,
Chez cet usurier fripon,
Qu'il vienne en ma maison
M'apporter sans façon,
Ses bijoux... mon garçon,
Et pour récompenser ta peine
Tu recevras...

SERPOLET.

Quoi donc?

TIBULLE, *lui donnant une poignée de main.*

Ceci...

SERPOLET.

Merci patron!

ENSEMBLE.

TIBULLE.

Je suis généreux,
Près de moi point de gêne.
Il aimerait mieux
Un louis ou deux.

SERPOLET.

Est-il généreux,
Près de lui point de gêne.
Moi j'aimerais mieux
Un louis ou deux.

SERPOLET.

Allons, je vais chez Samuel Van-Beer.

SCÈNE VIII

LES MÊMES, NINETTE, sous les traits et le costume de Samuel, petit vieux ratatiné, barbe grise, robe retenue par une ceinture de cuir, lunettes.

SAMUEL, entrant *.

Samuel Van-Beer... Brésent!

* Tibulle, Samuel, Serpolet.

TIBULLE.

Eh! c'est lui-même.

SAMUEL.

Ya, meinherr! en ger et en os... (S'essuyant le front.) En *eau* surtout. Eh! eh! eh! c'est une blaisanterie!

SERPOLET, à part.

Il fait aussi des mots, le vieux!... ça devient une maladie...

TIBULLE.

Par quel hasard?...

SAMUEL.

Il n'y afre boint de hasard... J'ai entendu dire que fous alliez fous marier avec la betite Ninette, et je viens voir si fous afre besoin de lui faire quelque choli *gateau.*

SERPOLET, à part.

Gâteau!... Il prend donc le patron pour un pâtissier?

TIBULLE.

C'est à merveille! je désirais justement avoir...

SAMUEL.

Quelques primporions, pour la betite Ninette? J'ai là une poîte de pijoux... Foulez-vous regarder?...

Air : *Voulez-vous des bijoux.*

Dit's moi c'qui fous fa,
J'ai fotre affaire.
(*Montrant un écrin.*)
La femm' qui verra ça
Soudain fera :
(*Riant.*)
Ah! ah! ah! ah! (*bis.*)
Elle dira :
Ah! ah! ah! ah! (*bis.*)
Que z'est peau za!
C'est plus limpid' que l'eau de la rifière
Et plus prillant que l'étoile bôlaire
La femme qui bordera za
Eplouira,
Séduira,
Même enflammera
Et charmera,
Car ces feux
Merveilleux
Réchauffent mieux
Que tous les autres feux,
Et jeun's et fieux
Réchaufferont leurs cœurs frileux
A ces doux feux.

ENSEMBLE.

Réchaufferont leurs cœurs frileux
A ces doux feux !

TIBULLE, regardant l'écrin.

C'est pourtant vrai, je grelottais, et je suis tout réchauffé.

SERPOLET, se rapprochant en étendant les mains.

Laissez-moi aussi prendre un petit air de feu, patron... j'ai l'onglée... (Il va pour y toucher, Samuel lui ferme la boîte sur les doigts.)

TIBULLE.

Et vous croyez que c'est assez riche pour orner le col de?...

SAMUEL.

De la bétite Ninette? Ya, meinher.

TIBULLE.

Meinher! meinher!... Il les irrite, mes nerfs, avec son jargon... Il ne s'agit pas de Ninette. J'ai meilleur goût que ça... et sachez que la belle Ninon...

SAMUEL.

Ah! c'est pour Ninon de Lenglos, peut-être?

TIBULLE.

Eh bien! oui! puisque le mot est lâché... c'est pour Ninon.

SERPOLET, bas, à Samuel.

Chut! le patron a une *turlutaine* pour elle.

SAMUEL, à Tibulle.

Bravo! mon gaillard!... encore un gonguette! Ça doit être précisément le gôlier qu'elle a choisi.

TIBULLE.

Je le prends! (Il va pour prendre l'écrin, Samuel lui ferme la boîte sur es doigts.)

SAMUEL.

Ya, ya, meinher, vous le brenez... mais, avant, il faudrait le bayer.

TIBULLE.

Le bayer!... Combien dois-je?

SUMUEL.

Pour fous, meinher, ce sera quatre cents baufres bétits écus.

TIBULLE.

Quatre cents cordes qui te serrent la gorge, chien de pendard ! va-t'en au diable !

SAMUEL. *

Ya ! ya ! meinher, j'y fais, au diable ! et si je rencontre la betite Ninette. (Fausse sortie.)

TIBULLE, l'arrêtant.

Au fait, tu as raison.

SAMUEL, à part, voix naturelle.

Ah ! je respire ! il va revenir à lui. (Il va pour sortir vivement.)

TIBULLE, le rappelant.

Tu ne peux rien me rabattre ?

SAMUEL.

Nix ! nix ! meinher ! pas un quart de denier !

TIBULLE, soupirant.

Alors...

SAMUEL, vivement, et prêt à sortir.

Vous refusez ?

TIBULLE.

J'accepte.

SAMUEL, soupirant.

Ah ! je suis bien gontent, bien gontent ! (Il pose l'écrin sur la toilette.)

TIBULLE, ** allant à l'armoire et l'ouvrant.

Serpolet! passe à ce vieil exploiteur ! (Il prend des sacs de monnaie dans l'armoire et les donne à Serpolet qui les passe à Samuel.)

SERPOLET.

Je les passe, patron... je les passe, avec regret, c'est vrai, mais enfin je les passe.

SAMUEL, regardant les sacs.

Bone Deus ! qu'est-ce là ?

SERPOLET.

Des sacs de monnaie, pardieu ! Il y en afre pour centécus dans *jâque*. Allons, bon! voilà que je parle algonquin maintenant. (Il cache le dernier sac sous son tablier.) Vous avez votre compte!... c'est bien.

SAMUEL.

Basez donc, basez donc, les betits zacs!...

SERPOLET.

Ah ! oui ! (Il le lui donne.)

* Samuel, Tibulle, Serpolet.
** Samuel, Serpolet, Tibulle.

SAMUEL.

Grand merci, monsieur Tibulle.

TIBULLE.

Il n'y a pas de quoi.

SAMUEL.

Que le *pon Dieu* vous *carte*... (Il sort.)

TIBULLE.

Que le diable t'emporte.

SCÈNE IX

SERPOLET, TIBULLE.

SERPOLET, regardant la parure.

Ah! oui!... c'est joli... mais, quatre cents écus! c'est *roide*... patron, et vous auriez pu mieux employer votre argent... en me l'offrant, par exemple...

TIBULLE.

Mais Ninon m'aimera!

SERPOLET.

Mademoiselle Ninette vous aurait aimé sans cela.

TIBULLE.

C'est vrai, pauvre Ninette! mais elle n'est pas grande dame... Le petit lever s'achève, Ninon va bientôt être de retour! A l'œuvre, Serpolet, dresse la table et prépare mon vin, le plus rare...

SERPOLET.

Mais vous n'en avez plus de vin!

TIBULLE.

J'ai donc raison de dire qu'il est rare...

SERPOLET. *

Du reste, fiez-vous à moi sur la qualité des plats... J'y mettrai le doigt avant de vous les servir... (Il sort à droite.)

TIBULLE, à lui-même.

Le fait est que c'est *rrroide!* Bast!... au diable la tristesse et les regrets!

AIR NOUVEAU *d'Oray*.

A moi les conquêtes!
Je veux, dans les fêtes,

* Tibulle, Serpolet.

Qui tournent les têtes,
Vivre nuit et jour !
Usons de la vie,
Le travail m'ennuie,
Fêtons la folie,
Le vin et l'amour,
Car femme jolie
Nous plaît nuit et jour.
Plaisir, verse à flots
Ces moments que mon âme envie,
Et que tes grelots
Chassent les maux
De cette vie.
Apprêtons les brocs,
Les gais propos
De la folie !
Car les lourds travaux
Ici-bas, sont faits pour les sots.
Ninon, toi que j'aime,
Plus encor que moi,
Subis-tu de même
L'amoureuse loi ?
Mon cœur s'incendie,
Ce n'est plus un jeu,
En moi tout s'écrie :
Au feu ! vite, au feu !
En moi l'incendie
A mis tout en feu !...

SERPOLET, qui est rentré avec la table servie.

Patron, me permettez-vous de reprendre en chœur avec vous...

TIBULLE.

Je t'y invite même...

ENSEMBLE.

A moi les conquêtes, etc.

SERPOLET.

Partons, la table est servie... et s'il vient une pratique, je la raserai dans la cave. (On entend le bruit d'une voiture.)

TIBULLE.

Un carrosse ! c'est elle !... c'est Ninon ! (Il fait un pas.) Ah ! j'ai peine à me soutenir... Ninon... belle Ni... non, ce n'est pas elle... (Au moment où il s'élance vers le fond, parait un jeune seigneur en costume de voyage.)

SCÈNE X

LES MÊMES, NINETTE, sous le costume de Coligny.

COLIGNY, tombant sur une chaise, en face de Tibulle.

Ah ! je n'en puis plus... *

TIBULLE, vivement.

Une pratique... Serpolet, passe avec ce jeune seigneur dans une autre pièce.

SERPOLET, mettant la table au milieu de la boutique.

Dans la cave... oui, patron !

TIBULLE, confidentiellement.

Vous comprenez, j'attends une dame.

COLIGNY.

Ah ! ah ! mon gaillard... tu attends... et elle est jeune ?

TIBULLE, avec fatuité.

Comme moi !...

COLIGNY.

Spirituelle ?

TIBULLE, même jeu.

Comme moi !...

COLIGNY.

Belle ?

TIBULLE.

Comme... non, encore plus que moi... et elle a, par-dessus out, le mérite d'être très-recherchée.

COLIGNY, se levant d'un seul bond.

On ne m'avait donc pas trompé !** (Tibulle et Serpolet sautent en l'air en même temps.)

TIBULLE.

A qui en a-t-il donc ?

SERPOLET.

Aurait-il été mordu ?

COLIGNY.

Ah ! tu attends une femme, et cette femme, c'est?...

TIBULLE.

Cette femme ne sait rien !...

* Serpolet, Tibulle, Coligny.
** Serpolet, Coligny, Tibulle.

COLIGNY.

C'est... Ninon!

TIBULLE.

Oui... c'est-à-dire, non... Qui a pu vous apprendre?...

COLIGNY.

Inutile de feindre avec moi! misérable! Je suis le comte de Coligny!

TIBULLE.

De Col...

SERPOLET.

Igny!... (Ils tombent chacun sur une chaise.)

COLIGNY, *tirant son épée.*

AIR NOUVEAU *d'Oray.*

Allons, devant moi qu'on s'incline,
Place au comte de Coligny!
Qu'en me voyant chacun devine
L'honneur qu'on doit me faire ici!
A mon aspect fort redoutable,
Chacun s'écrie : Est-il aimable!
A qui ne saurait pas cela,
Mon épée alors l'apprendra!

Allons, en garde!

TIBULLE, gémissant.

Oh là là!

SERPOLET, de même.

Oh là là!

TIBULLE.

Vous voulez m'assassiner, moi, un barbier sans défense.

SERPOLET.

Vous voulez nous assassiner, nous, deux barbiers, dont un apprenti sans défense!

COLIGNY.

Un gentilhomme de ma trempe n'assassine pas, il s'abaisse quelquefois jusqu'à croiser le fer avec un manant.

TIBULLE, à part.

Croiser le fer... Si c'était un fer à papillotes, encore!

COLIGNY.

Pas d'explications! Ne m'avez-vous pas dit que vous attendiez une dame?... Et cette table, ces deux couverts?

TIBULLE.

Ces deux couverts? Ah! oui, ces deux... c'est vrai, il y a deux couverts... Ah! c'était pour déjeuner avec Serpolet... C'est aujourd'hui sa fête.

SERPOLET.

Oui, la fête du petit Serpolet. Ça arrive si rarement... six fois par an, tout au plus...

COLIGNY.

Comment, six fois par an?...

SERPOLET.

Oui, parce que j'ai six noms : Hospice, Pancrace, Mellon, Pantaléon, Pamphile, Ignace. (Il va pour se mettre à table, Coligny le relève promptement.)

COLIGNY, le repoussant.*

Eh bien! drôle! tu oserais!... Puisque ton maître me jure qu'il n'attendait personne, je veux lui faire honneur en dévorant son repas. Monsieur Tibulle, je vous invite. (Il remet son épée dans le fourrreau.)

SERPOLET.

Et moi?

COLIGNY.

Toi aussi, je t'invite...

SERPOLET, joyeux.

Ah!... (Il va pour s'asseoir.)

COLIGNY, le repoussant.

Je t'invite à te tenir à distance, et à nous servir d'échanson!

SERPOLET, piteusement.

Des chansons! Je ne sais pas chanter.

COLIGNY, lui jettant son chapeau.

Quel oison!... (A Tibulle.) Eh bien, moi, pour payer votre hospitalité, je vais vous dire une chanson à boire.

TIBULLE.

Ah! bravo! chantons! (Ils s'asseyent à la table et Serpolet reste debout.**)

AIR *des Gardes du roi de Siam.*

PREMIER COUPLET.

Buvons donc, puisqu'il faut boire,
Le vin est le seul ami

* Coligny, Serpolet, Tibulle.
** Coligny, Tibulle, Serpolet.

Qui nous ôte la mémoire
Quand viennent les jours d'ennui!
Il donne du cœur au poltron,
Rend moins sévère le tendron,
Par lui le méchant devient bon,
Le pauvre rêve million!

REFRAIN.

Fêtons donc ses glous glous joyeux,
Car le vin seul nous rend heureux.

REPRISE ENSEMBLE.

Prodigue pour jeunes ou vieux,
Le vin pour tous est généreux.

(Ils boivent, Serpolet en cachette, à même une bouteille.)

DEUXIÈME COUPLET.

Du travailleur il aiguise
Et le courage et l'ardeur;
Au vieillard que l'âge épuise
Il donne de la verdeur!
Grâce à ses doux flots de rubis,
Souvent deux mortels ennemis
Auprès d'un grand broc réunis
Ont choqué leur verre en amis!
Fêtons donc, etc.

(Ils se lèvent, Tibulle commence à être gai, Coligny fait semblant de l'être.)

TROISIÈME COUPLET.

Sa qualité sans pareille,
Moi je le dis sans façon,
N'est pas sa couleur vermeille,
Son parfum même sans nom!...
C'est que le vin reconnaissant
Des soins qu'on lui donne en naissant,
Au rebours des femmes, vraiment,
Devient meilleur en vieillissant!
Fêtons donc, etc.

SERPOLET *et* TIBULLE.

Qu'ils soient jeunes ou qu'ils soient vieux,
Les vins pour tous sont généreux.

TIBULLE, gris.

Bravo! je demande bis!

SERPOLET.

Le malheureux! il manque de dignité!

TIBULLE, à Coligny.

A votre santé!

COLIGNY.

Et à celle de la belle Ninon!

TIBULLE, complétement gris.

Et à celle de la belle Ninon! Bah! je veux bien!

COLIGNY.

Qui a des yeux superbes...

TIBULLE.

Qui a des yeux comme la porte cochère de la maison d'en face!

COLIGNY.

Et que j'aime...

TIBULLE.

Et que j'aime...

COLIGNY.

Ah! tu vois bien, tu l'aimes!...

TIBULLE.

Eh bien, oui, là, je l'aime!... (Presque pleurant). Je l'aime, je t'aime, j'aime Serpolet, j'aime tout le monde, je m'aime aussi, j'aime la volaille!... Passe-moi la carcasse!

SERPOLET.

Je la mange, patron, je la mange...

COLIGNY à Tibulle.

Et la belle Ninon te paye de retour, elle te l'a avoué...

TIBULLE.

Elle me l'a avoué! et c'était elle que j'attendais à déjeuner... Il ne faut pas le dire à son amant, au petit Coligny.

COLIGNY, changeant de ton.

Parbleu non, je ne le lui dirai pas! (il le repousse) puisqu'il le sait...

TIBULLE.

Bah!

SERPOLET.

est gris comme la casaque d'un mousquetaire rouge!

COLIGNY.

Tu ne peux plus nier, maintenant, et si tu refuses le combat, je te passe mon épée au travers du corps. (Il dégaine.)

TIBULLE.

Sapristi! je préfère me battre, alors. Une épée! trouve-moi une épée!... l'épée de mes pères.

SERPOLET, lui donnant une grande épée.

Une épée!... voilà, patron. (A part) S'il pouvait embrocher le patron, j'hériterais de son fonds.

COLIGNY.

En garde! (ils ferraillent) pare cette quarte.

TIBULLE.

Où çà est-elle la carte? je commence à la perdre, la carte...

COLIGNY.

Prends garde à ce dégagé! (Musique à l'orchestre pendant toute cette scène.)

TIBULLE.

C'est moi qui voudrais me dégager...

SERPOLET.

Ils vont s'entrebrocher...

COLIGNY.

Pas mal, pour un barbier... (Il se fend, Tibulle le désarme, et lui passe son épée sous le bras, croyant la lui passer au travers du corps.) Ah! je suis mort!... (Il tombe sur la chaise de droite.)

TIBULLE.

Mort! qui est-ce qui est mort? mais je ne veux pas qu'il soit mort! (Changeant de ton.) Après tout, ça m'est bien égal, je me suis battu loyalement en duel, et je vais...

UNE VOIX, au dehors.

«... Édit de monseigneur le cardinal de Richelieu...

TIBULLE, s'arrêtant court.

Hein?

LA VOIX.

« Le duel est défendu dans le royaume de France...

TIBULLE.

Je dirai que je me suis battu en Italie...

LA VOIX.

« Tout individu convaincu d'avoir contrevenu au présent édit, sera condamné à la peine de mort... »

SERPOLET, appuyant.

De mort!

TIBULLE, atterré.

De mort!

SERPOLET, d'un air satisfait.

Patron, vous êtes rasé!

TIBULLE.

Rasé !...

SERPOLET.

Comme barbier, ça vous paraîtra moins dur...

LA VOIX.

« Tout individu ayant servi de témoin à un duel, subira la même peine... »

TIBULLE, appuyant.

La même peine!

SERPOLET, atterré.

La même peine.

TIBULLE.

Serpolet, nous sommes rasés tous les deux!

SERPOLET.

Nous le sommes, patron, en plein!

TIBULLE.

Il faut cacher ce corps!... (Tibulle le prend par la tête et Serpolet par les pieds.) Ah! Serpolet, n'assassine jamais personne... Cela fait trop de mal!... et c'est trop lourd sur la conscience. (Ils portent Coligny dans la chambre de gauche.)

SERPOLET lache les pieds aussitôt que le corps disparait.

Oh! pourquoi me suis-je fait garçon barbier, et pourquoi, m'étant fait garçon barbier, suis-je entré chez cet assassin!

TIBULLE, rentrant.

C'est fait...

SERPOLET.

Quel parti prenons-nous?

TIBULLE.

Ce n'est pas un parti qu'il faut prendre, c'est la fuite; faisons nos malles, allons jusqu'au bout du monde et ne nous arrêtons qu'en pays étranger. (Tibulle prend une valise, Serpolet un sac de voyage, ouvre l'armoire et en tire les effets qu'il met dans son sac.)

SERPOLET.

Trois chemises!... Voilà où vous aura conduit votre amour pour Ninon... Trois culottes... Pourquoi diable allez-vous aimer une femme... avec... Deux paires de bas...

TIBULLE, chargeant sa valise.

Je ne pensais pas que ça me mènerait si loin que ça... Oh! si c'était à refaire... N'oublie pas ma savonnette... Pauvre Ninette!... elle n'aimait que moi... Et mon tire-bottes.

SERPOLET.

Et votre tête à perruque, l'emportez-vous ?

TIBULLE.

Non. La tienne me suffit! (Ils ont rempli chacun leur valise et vont pour sortir.)

SERPOLET, s'arrêtant à la porte.

Nous voilà exilés, exilés pour jamais!

AIR *de la Reine de Chypre.*

Triste, exilé, sur la terre étrangère,
Par le malheur je me sens agrafer,
Je vais m'enfuir comme une ombre légère.
Adieu, pays où j'appris à coiffer!

TIBULLE.

Adieu tout ce que j'aime, adieu chère pratique,
Perruques et parfums, à vous tous mes regrets.
J'abandonne mon cœur dans ma pauvre boutique,
Mais du moins avec moi j'emporte mes toupets!

ENSEMBLE.

Je dois laisser mon / Il doit laisser son cœur dans ma / sa boutique
Mais avec moi j'emporte mes toupets.
Mais avec lui tu gardes tes toupets.

SERPOLET.

Il faut laisser ton cœur dans ta boutique,
Mais avec toi conserver tes toupets.

TIBULLE.

Laissons notre boutique!

SERPOLET.

Emportons nos toupets!

TIBULLE.

Empor....

SERPOLET.

Empor.....

TIBULLE, *parlé.*

Qu'est-ce que tu cherches?

SERPOLET.

L'*Ut dièse,* patron.

TOUS DEUX, *achevant l'air.*

...tons nos toupets.

(*Fausse sortie.*)

SERPOLET, *reprenant.*

Triste exilé...

TIBULLE, l'arrêtant.

Nous avons déjà dit ça une fois, et nous n'avons pas de temps à perdre... filons... (Ils vont tous les deux vers la porte.)

SCÈNE XI

LES MÊMES, NINETTE, en juge, grande robe, lunettes, perruque, un gros livre à la main.

LE JUGE, d'une voix nazillarde.

On ne passe pas !...

TIBULLE ET SERPOLET.

Nous sommes pris ! (Ils laissent tomber leurs paquets.)

TRIO.

AIR NOUVEAU *d'Oray*.

LE JUGE.

Pardieu ! coquins, je vois votre malice,
Vous espérez déjouer la justice,
Mais je sais tout, et vous êtes perdus,
Et tous les deux vous serez...

TIBULLE *et* SERPOLET.

Quoi ?...

LE JUGE, *grosse voix*.

Pendus !

TIBULLE *et* SERPOLET.

Pendus ?...

LE JUGE.

Pendus, bien pendus ! très-pendus !...

TIBULLE *et* SERPOLET.

Trop pendus ! pendus! Hélas, pendus !

(*Ils tombent à genoux de chaque côté du Juge.*)

SERPOLET.

Grâce pour moi... j'ai une femme et sept enfants !...

LE JUGE.

Tu mens. Tu n'as ni femme ni enfant.

SERPOLET.

Je pourrais en avoir...

TIBULLE.

Pitié... je suis sur le point d'épouser une jeune personne...

LE JUGE.

C'est faux, tu l'as abandonnée...

TIBULLE.

J'embrasse votre main...

SERPOLET.

Moi, votre pied.

TIBULLE.

Vos deux mains.

SERPOLET.

Vos deux pieds...

TIBULLE, apercevant sa bague.

Tiens! Quelle est cette bague? celle que j'ai donnée à Ninon... Est-ce que Ninette se serait jouée de nous deux? (Ils se lèvent.)

LE JUGE.

Allons, suivez-moi...

TIBULLE, à part.

C'est cela! tentons l'épreuve. (Haut.) Eh bien! je suis prêt!

SERPOLET.

Moi! je ne le suis pas.

LE JUGE.

Comment! tu ne résistes pas?

TIBULLE.

Allons, emmenez-moi, j'ai hâte de goûter du supplice dont vous m'avez parlé.

LE JUGE.

Comment, tu consens à venir! sans savoir s'il n'y aurait pas moyen d'obtenir ta grâce?

TIBULLE.

Ma grâce... je n'en veux pas.

LE JUGE.

Il y a pourtant quelqu'un qui s'est intéressé à toi...

TIBULLE.

Je ne m'en soucie guère.

LE JUGE.

Si la belle Ninon entendait le cas que vous faites de son crédit...

TIBULLE, à part.

Ninon! décidément c'est Ninette! (Haut.) Accepter quelque chose d'une femme qui me fait perdre la vie... jamais...

SERPOLET.

Qu'est-ce qu'il dit, le patron? il a des cailloux dans la cervelle.

LE JUGE.

Cependant vous l'avez aimée...

TIBULLE.

Peuh ! un caprice qui est parti comme il était venu...

LE JUGE.

En vérité?...

TIBULLE.

Est-ce qu'on ment jamais au moment d'être pendu ? Je n'ai jamais aimé que ma petite Ninette. (Mouvement de Ninette.) Qu'avez-vous donc ?

LE JUGE.

Ce sont mes lunettes qui ne tiennent pas.

TIBULLE, à part.

C'est elle !...

LE JUGE.

Ainsi, vous jurez de renoncer à Ninon..

TIBULLE.

Je le jure !

LE JUGE.

Vous promettez de ne jamais aimer que Ninette ?...

TIBULLE.

Sur la tête de Serpolet, je le promets...

SERPOLET.

Il ne risque rien, ma tête ne m'appartient plus...

NINETTE, ôtant sa robe et sa perruque.

Alors, Ninette te pardonne, ingrat.

TIBULLE.

Ninette, ma Ninette, c'était toi ! Oh ! je ne t'aurais jamais reconnue.

SERPOLET.

Mamz'elle Ninette, ah ça ! mais je ne serai donc pas... (Il fait le geste d'un homme qu'on pend) couic !

NINETTE.

Non... quant à présent, du moins !

SERPOLET.

Quel espoir !... (A Tibulle.) C'est une leçon qu'elle vous a donnée, patron.

TIBULLE.

Et elle me profitera, je t'en réponds. (A Ninette.) Ainsi, Ninon, le brocanteur, le joli cavalier...

NINETTE, contrefaisant le Juge.

Et monsieur le juge... (voix naturelle) c'était moi...

TIBULLE.

Et les quatre cents écus de la parure...

NINETTE.

Je les ai, et je te les apporterai en dot. Une fois marié, le magot sera à toi...

SERPOLET, montrant Tibulle.

Je crois plutôt que le magot sera à elle.

NINETTE, *au public.*

AIR *de Minette.*

Ninette, ce soir, près de vous,
Pour Ninon vient demander grâce.

VOIX DE NINON.

Ninon, du vieux prenant la place,
Vous implore d'un ton bien doux.

VOIX DE COLIGNY.

Coligny fier de ses succès,
A vos bravos ose prétendre,
D'ailleurs, il est brave à l'excès,
Sa valeur saura le défendre.

VOIX DU JUGE.

Mais le pauvre Juge est tremblant,
Ici ses craintes sont extrêmes ;
Car du juge, juges suprêmes,
C'est vous qui jugez maintenant.

VOIX DE NINETTE.

Bref, si ces travestissements
N'ont pas tous fait votre conquête,
Applaudissez toujours Ninette ..
Tous les autres seront contents...
Ninette à Ninon le dira,
Ninon au vieux, le vieux au comte,
Et le comte au juge ; à ce compte,
Le succès se partagera.

FIN.

Paris. — Typ. Morris et Comp., rue Amelot, 64.

LIBRAIRIE THÉATRALE

RUE DE GRAMMONT, 14

MAGASIN GÉNÉRAL DE PIÈCES DE THÉATRE

On trouve à cette Librairie toutes les pièces de théatre anciennes et modernes.

L'HÉRITAGE DE MONSIEUR PLUMET, com. par MM. Th. Barrière et E. Capendu. 2 fr.
UNE FAUSSE BONNE, vaud., par MM. Louis Boyer et Ch. Nuitter. 60 c.
UNE FEMME HEUREUSE, comédie, par MM. Auguste et Léon Supersac. 60 c.
CŒUR QUI SOUPIRE, opérette, par M. Ch. Gabet, musique de M. Fossey. 60 c.
L'HONNEUR EST SATISFAIT, comédie par M. A. Dumas. 1 fr.
LE REVENANT DE LA CLAIRIÈRE, drame en 5 actes, par M. Petit-Mangin. 20 c.
MAITRE WOLFF, coméd., par Mme Adam-Boisgontier. 60 c.
LA BOUTEILLE A L'ENCRE, féerie, par M. Ch. Gabet. 30 c.
X, comédie en 1 acte, de MM. Norée, Desarbres et Charles Nuitter. 60 c.
28 et 60, comédie-vaudeville en 1 acte, de M. Paul Boisselot. 60 c.
LES MÉPRISES PAR RESSEMBLANCE, opéra comique en 3 actes, de Patrat, musique de Grétry. 1 fr.
LA PERLE DU BRÉSIL, drame lyrique en 3 actes, par MM. J. Gabriel et Sylvain St-Etienne, mus. de M. Félicien David. 1 fr.
LA BUTTE DES MOULINS, opéra comique en trois actes, par MM. J. Gabriel et Desforges, musique de Boieldieu. 1 fr.
LE MOULIN A PAROLES, vaudeville en 1 acte, par MM. J. Gabriel et Dupeuty. 60 c.
LES BRODEUSES DE LA REINE, comédie-vaudeville en 1 acte, par MM. J. Gabriel et Dupeuty. 50 c.
LA BELLE CAUCHOISE, vaudeville en 1 acte, par MM. J. Gabriel et Paul Vermond. 30 c.
J'ATTENDS UN OMNIBUS, comédie-vaudeville en 1 acte, par MM. J. Gabriel et Paul Vermond. 60 c.
L'EAU DE JAVELLE, vaudeville en 1 acte, par MM. J. Gabriel et Dupeuty. 60 c.
DEUX PRINCES INDIENS, comédie en 1 acte, mêlée de couplets, par M. J. Gabriel. 60 c.
QUATORZE DE DAMES, comédie-vaud. en 1 acte, par MM. J. Gabriel et Dupeuty. 60 c.
RICHARD CŒUR-DE-LION, opéra com. en 3 actes, paroles de Sedaine, musique de Grétry, nouv. instrum. par A. Adam. 50 c.
ZÉMIRE ET AZOR, opér. com. en 4 actes, paroles de Marmontel, musique de Grétry, nouv. instrum. de M. A. Adam. 50 c.
LE CAQUET DU COUVENT, opéra com. en 1 acte, par MM. de Planard et de Leuven, musique de H. Potier. 50 c.
LA GACHETTE, opér. com. en 3 actes, par M. de Planard, mus. de E. Boulanger. 1 fr.
LE CORBEAU RENTIER, vaudev. en 1 acte, par MM. de Leuven et Brunswick. 50 c.
LES TARTELETTES A LA REINE, v. en 1 acte, par MM. Vanderburch et de Forges. 50 c.
LE MANCHON, comédie en 2 actes, en vers, par M. Cordelier Delanoue. 60 c.

LES TROIS PORTIERS, vaud. en 2 ac[tes], par MM. Dupeuty et E. Vanderburch. 6[0 c.]
QUI DORT DINE, vaudeville en 1 acte, [par] MM. Cordelier-Delanoue et Roche. 5[0 c.]
LE PREMIER MALADE, vaud. en 1 acte, [par] MM. Vanderburch et Marie Aycard. 6[0 c.]
LES CANARDS DE L'ANNÉE, revue de 18[..] en 3 actes, p. MM. Cormon et Grangé.
LA VEUVE PINCHON, vaud. en 1 acte, [par] MM. Vanderburch et Laurencin.
RAIMBAUT et Ce, com.-vaud. en 3 actes.
L'ATELIER DE DEMOISELLES, vaude[ville] en 3 actes, par Paul de Kock. 6[0 c.]
LE LION ET LE RAT, vaud. en 1 acte, [par] MM. de Leuven et Paul Vermond. 6[0 c.]
LE BRACONNIER, opéra com. en 1 acte, [par] MM. de Leuven et Vanderburch. 5[0 c.]
WAN-DYCK A LONDRES, com. en 3 acte[s], prose, par MM. Michel Carré et Narrey. 6[0 c.]
LES DEUX ANGES GARDIENS, com.-v[aud.] en 1 acte, par M. Deslandes.
IL SIGNOR PASCARELLO, opéra com[ique] en 3 actes, par MM. de Leuven et Br[uns]wick, musique de M. H. Potier.
LE MOBILIER DE ROSINE, v. en 1 acte, [par] MM. de Leuven, Brunswick et Siraudin.
CANDIDE, conte mêlé de coup., en 3 acte[s], [par] MM. Clairville, Saint-Yves et Choler.
MONSIEUR LE DUC ET MADAME LA [DU]CHESSE, vaud., p. M. Arsène de Cey. 6[0 c.]
MIGNONNE, comédie-vaudeville en 1 [acte], par M. Deslandes. 6[0 c.]
LES DEUX CHEMINS, com. en 1 acte, en [vers], par MM. L. de Rabastens et A. Grout. 6[0 c.]
LE BUVEUR D'EAU, tableau populair[e en] 1 acte, par M. Deslandes. 6[0 c.]
LA FIANCÉE DU PRINCE, comédie-va[ude]ville en 3 actes, par MM. Davrecou[r et] Arsène de Cey.
LE HÉROS IMAGINAIRE, coméd.-vaud. [en] 1 acte, en vers, par MM. Léon de Ra[bas]tens et Marc-Constantin.
LA PAIX DU MÉNAGE, vaud. en 1 acte, [par] MM. Saint-Yves et Choler. 6[0 c.]
UNE FEMME EXPOSÉE, vaud. en 1 acte, [par] MM. Saint-Yves et Choler. 6[0 c.]
UN MONSIEUR QUI VEUT EXISTER, [vaud.] en 1 acte, par MM. Dartois et Gb[...] Bessclièvre.
LORD SPLEEN, vaudeville en 1 acte, [par] MM. Anvers et d'Avrecour. 6[0 c.]
L'ILE DES BÊTISES, vaud.-revue en 3 a[ctes] et 5 tableaux, par MM. Honoré et M[...] Delaporte.
CASTAGNETTE, vaudeville en 1 acte, [par] M. Deslandes.
LA GAMINE, vaudeville en 1 acte, [par] M. Deslandes. 6[0 c.]
LE ROMAN CHEZ LA PORTIÈRE, [...] vaud. en 1 acte.
UN VIEUX BEAU, coméd.-vaud. en 1 [acte], par M. Paul Vermond. 6[0 c.]

Paris. — Typ. Morris et comp., rue Amelot, 64.

www.ingramcontent.com/pod-product-compliance
Ingram Content Group UK Ltd.
Pitfield, Milton Keynes, MK11 3LW, UK
UKHW020952220726
13924UKWH00002B/639

9 782019 949570